BEI GRIN MACHT SICH IHR WISSEN BEZAHLT

AF145626

- Wir veröffentlichen Ihre Hausarbeit,
  Bachelor- und Masterarbeit

- Ihr eigenes eBook und Buch -
  weltweit in allen wichtigen Shops

- Verdienen Sie an jedem Verkauf

Jetzt bei www.GRIN.com hochladen und kostenlos publizieren

Bibliografische Information der Deutschen Nationalbibliothek:

Die Deutsche Bibliothek verzeichnet diese Publikation in der Deutschen National-
bibliografie; detaillierte bibliografische Daten sind im Internet über http://dnb.d-
nb.de/ abrufbar.

Dieses Werk sowie alle darin enthaltenen einzelnen Beiträge und Abbildungen
sind urheberrechtlich geschützt. Jede Verwertung, die nicht ausdrücklich vom
Urheberrechtsschutz zugelassen ist, bedarf der vorherigen Zustimmung des Verla-
ges. Das gilt insbesondere für Vervielfältigungen, Bearbeitungen, Übersetzungen,
Mikroverfilmungen, Auswertungen durch Datenbanken und für die Einspeicherung
und Verarbeitung in elektronische Systeme. Alle Rechte, auch die des auszugsweisen
Nachdrucks, der fotomechanischen Wiedergabe (einschließlich Mikrokopie) sowie
der Auswertung durch Datenbanken oder ähnliche Einrichtungen, vorbehalten.

Impressum:

Copyright © 2013 GRIN Verlag, Open Publishing GmbH
Druck und Bindung: Books on Demand GmbH, Norderstedt Germany
ISBN: 978-3-668-10642-0

Stephan Grevel

Abraham Lincoln. Welche Rolle spielte er im amerikanischen Bürgerkrieg (1861-1865)?

GRIN Verlag

GRIN - Your knowledge has value

Der GRIN Verlag publiziert seit 1998 wissenschaftliche Arbeiten von Studenten, Hochschullehrern und anderen Akademikern als eBook und gedrucktes Buch. Die Verlagswebsite www.grin.com ist die ideale Plattform zur Veröffentlichung von Hausarbeiten, Abschlussarbeiten, wissenschaftlichen Aufsätzen, Dissertationen und Fachbüchern.

Besuchen Sie uns im Internet:

http://www.grin.com/

http://www.facebook.com/grincom

http://www.twitter.com/grin_com

Inhalt

1. Einleitung

In der vorliegenden Arbeit mit dem Titel „Welche Rolle spielte Abraham Lincoln im amerikanischen Bürgerkrieg (1861-1865)?" werde ich mich auf den damaligen amerikanischen Präsidenten Abraham Lincoln und seine Rolle in diesem Krieg konzentrieren. Man hört allgemein viel über diesen Mann und ich möchte in der folgenden Arbeit herausstellen, wie entscheidend Abraham Lincoln für die Geschichte Amerikas und vielleicht sogar der ganzen Welt war. Um das herauszufinden, werde ich mich mit seinen verschiedenen Aufgaben als amerikanischer Präsident, Oberbefehlshaber der Armee, Sklavenbefreier, usw. befassen.

Das Ziel der Arbeit ist, am Ende sagen zu können, was genau Abraham Lincoln zu einem so berühmten Mann gemacht hat und was er in der Zeit des Sezessionskriegs[1] geleistet hat, zusammenfassend gesprochen: Welche Rolle spielte er im amerikanischen Bürgerkrieg von 1861-1865?

2. Der amerikanische Bürgerkrieg (1861-1865)

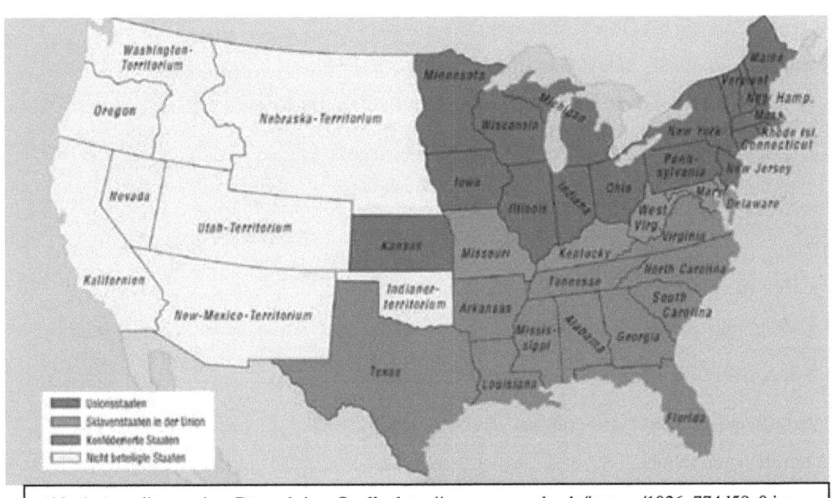

Abb. 1: Amerika vor dem Bürgerkrieg, Quelle: http://muenzenwoche.de/images/1026_774d59a0.jpg

---

[1] amerikanischer Bürgerkrieg (Sezession bedeutet „Verselbstständigung von Staatsteilen"; Quelle: http://www.duden.de/rechtschreibung/Sezession, Stand: 16.02.2013)

2.1. Ursachen des Bürgerkriegs

Es gab einige Gründe für das Ausbrechen des Bürgerkriegs, doch der Hauptgrund war der große Gesellschaftsunterschied zwischen den Nord- und Südstaaten: Im Norden entwickelte sich die Industrie und das sogenannte „demokratische Yankeetum"[2] entstand: Dies war eine Gesellschaft aus Farmern und Industriearbeitern. Im Gegensatz dazu gab es im Süden eine aristokratische Gesellschaft von Plantagenbesitzern. Diese bauten vor allem Baumwolle, Tabak und Zucker an, um diese Produkte dann in den Norden und nach Europa zu exportieren. Hieraus entstand auch die Frage, ob es Sklaven geben sollte oder nicht: In den Südstaaten waren diese billige Arbeiter für die Großgrundbesitzer und somit ein sehr wichtiger Teil der Wirtschaft, während es im Norden eine Bewegung zum Verbot von Sklaverei gab. Außerdem sollte es neue Finanz- und Zollgesetze geben, die sich negativ auf die Exportwirtschaft in den Südstaaten auswirken würden. Diese Streitigkeiten kochten hoch, als der Republikaner Abraham Lincoln 1861 zum 16. Präsidenten der USA gewählt wurde. Daraufhin traten 11 Südstaaten aus der Union aus (vgl. Abb. 1) und gründeten die Konföderation mit dem Präsidenten Jefferson Davis.[3] Sie erklärten außerdem die „Negersklaverei mit Rücksicht auf den Plantagenbau für notwendig".[4]

2.2. Verlauf des Bürgerkriegs

Der Bürgerkrieg begann mit dem Artilleriebeschuss von Fort Sumter (Unionsbesitz im Hafen von Charleston, South Carolina) durch die Konföderierten am 12. April 1861. Nachdem die Besatzung vom Fort sich ergeben hatte, stellte Präsident Lincoln ein 75.000 Mann starkes Heer auf, um die Südstaaten anzugreifen und möglichst schnell zu besiegen. Dies gelang jedoch nicht, weil die Konföderation auf einen solchen Angriff vorbereitet war und u.a. wegen der „besser ausgebildeten Offiziere"[5] die ersten Schlachten des Bürgerkriegs gewinnen konnte (Schlachten am Bull Run am 21.07.1861 u. 29./30.08.1862; Siebentageschlacht vom 25.06.-01.07.1862[6]).

Daraufhin zog der General der Südstaaten-Armee, R.E. Lee, mit seinen Truppen weiter nach Norden, um den Krieg in die Nordstaaten zu verlagern. Da Lincoln aber inzwischen „seine

---

[2] Ploetz, Karl: „PLOETZ Auszug aus der Geschichte", A.G. Ploetz-Verlag, Würzburg, 1968, S. 1092
[3] Ploetz, Karl: a.a.O., S. 1092f
[4] Ebenda, S. 1093
[5] Schmitz, Alfred: „Amerikanischer Bürgerkrieg", http://www.planet-wissen.de/laender_leute/usa/amerikanischer_buergerkrieg/index.jsp (Stand: 16.02.2013)
[6]Vgl. Weiß, Joachim (Hrsg.): „DIE ZEIT-Das Lexikon", Hamburg, 2005, Band 13, S. 355

Kriegsmaschinerie in Gang gesetzt"[7] hatte, konnten ständig neue Soldaten an die Front geschickt werden. Außerdem lieferte die Rüstungsindustrie per Eisenbahn neue Waffen, was dazu führte, dass die Nordstaaten die Schlacht bei Gettysburg, Pennsylvania (01.-03.07.1863) gewannen.[8] Dies war ein entscheidender Wendepunkt im Bürgerkrieg, da die Nordstaaten von nun an im Vorteil waren. Durch eine Seeblockade waren die Südstaaten von ihrer Versorgung abgeschnitten und nach dem Fall von Vicksburg (04.07.1863) kontrollierten die Nordstaaten das komplette Mississippital.[9]

Nachdem der Nordstaaten-General Grant auch noch die Schlacht von Chattanooga (23.-25.11.1863) gewann und somit den wichtigsten Eisenbahnknotenpunkt des Südens unter seine Kontrolle brachte, war die Truppenversorgung der Südstaaten vollkommen unmöglich. Die Belagerung der Hauptstadt der Konföderation, Richmond, führte dann zur Kapitulation durch General Lee (09.04.1865). Dies war das offizielle Ende des amerikanischen Bürgerkriegs, der letztendlich ungefähr 600.000 Menschenleben kostete.[10]

2.3. Folgen des Bürgerkriegs

Außer den 600.000 Toten gab es etliche Verwundete und Verstümmelte und auch das Land war verwüstet. Der Krieg wurde mit der Zeit immer härter und auch maschineller, wodurch vor allem in den Südstaaten ganze Landstriche zerstört wurden.

Politische Folgen des Krieges waren das Verbot der Sklaverei in der gesamten Union, was zum Erliegen der Plantagenwirtschaft im Süden führte, und die Wiedereingliederung der Südstaaten in die Vereinigten Staaten von Amerika. Dieser Prozess dauerte aber noch bis in die 1870er Jahre hinein. Präsident Abraham Lincoln wurde am 15.04.1865 von einem fanatischen Südstaatler erschossen. Er erlebte den Frieden gerade einmal eine Woche.[11]

---

[7] Schmitz, Alfred: a.a.O.
[8] Vgl. Weiß, Joachim: a.a.O., S. 335
[9] Vgl. Schmitz, Alfred:, a.a.O.
[10] Vgl. Weiß, Joachim: a.a.O., S. 335
[11] Schmitz, Alfred: a.a.O.

Tabelle 1: Die Biographie Abraham Lincolns[12]

12. Februar 1809	Geburt, Harden County, Kentucky
1816	Umzug nach Indiana
1818	Tod der Mutter
1819	Heirat seines Vaters mit Sarah Bush Johnson (3 Kinder)
1828	Tod der älteren Schwester
1831	Umzug nach New Salem, Indiana
1832	Captain im Blackhawk War
1834	Erste Wahl ins Repräsentantenhaus von Illinois
1836	Wiederwahl als Abgeordneter; Zulassung als Anwalt
1838	Wiederwahl als Abgeordneter
1840	Letzte Wiederwahl als Abgeordneter in Illinois
1842	Heirat mit Mary Todd
1843	Geburt von Sohn Robert
1846	Geburt von Sohn Edward; Wahl ins Abgeordnetenhaus in Washington
1849	Ende als Kongressabgeordneter
1850	Tod von Sohn Edward; Geburt von Sohn William
1853	Geburt von Sohn Thomas
1856	Eintritt in die republikanische Partei
1860	Wahl zum Präsidenten der USA
1861	Vereidigung als Präsident
1862	Tod von Sohn William
1863	Unterzeichnung der Emanzipationserklärung
1864	Wiederwahl zum Präsidenten
15. April 1865	Tod infolge eines Attentats einen Tag zuvor

3. Abraham Lincolns Weg in die Politik

3.1. Kindheit und Jugend

Abraham Lincoln wurde am 12. Februar 1809 in Hardin County, Kentucky, als Sohn armer Eltern geboren. Er hatte noch eine ältere Schwester, die aber starb, bevor Lincoln bekannt wurde (1828[13]) und einen jüngeren Bruder, der schon im frühen Kindesalter starb. Auch die

---

[12] Vgl. Gerste, Ronald D.: „Abraham Lincoln", Verlag Friedrich Pustet, Regensburg, 2008, S. 254-256
[13] Vgl. Schild, Georg: „Abraham Lincoln", Verlag Ferdinand Schöningh, Paderborn, 2009, S. 50

Mutter starb, als Abraham 10 Jahre alt war, was ein „schwerer Schlag"[14] für den Jungen war. 1819 heiratete sein Vater dann eine Witwe aus Kentucky, die noch drei weitere Kinder mit in die Ehe brachte. In seiner Kindheit besuchte Abraham kurz eine Schule, in der er aber nur die Grundlagen im Lesen und Schreiben erlernte. Seine Hauptaufgabe in der Jugend war die Arbeit auf der Farm seines Vaters in Spencer County, Indiana, an der *Frontier*[15], wo seine Familie in seinem achten Lebensjahr hingezogen war.[16]

3.2. Leben als Anwalt und Politiker in Illinois

Mit 22 Jahren (1831) verließen Abraham Lincoln und seine Familie Indiana und zogen nach Macon County, Illinois. Nach einem Jahr dort zog Lincoln allein nach New Salem, Illinois. Als der Black-Hawk-Krieg mit den Indianern ausbrach, wurde Abraham Lincoln Captain einer Freiwilligen-Kompanie was ihn sehr zufrieden machte. Er nahm allerdings an keiner einzigen Kampfhandlung teil.[17]

Im gleichen Jahr kandidierte Lincoln dann als *Whig* für den Einzug ins Parlament von Illinois, obwohl er erst knapp ein Jahr in New Salem lebte und dort in einem kleinen Laden als Angestellter arbeitete. Die *Whigs* (in Anlehnung an die britische *Whig-Party*) waren zu Beginn der 1830er Jahre als Bewegung gegen den demokratischen Präsidenten Jackson entstanden und gingen später „im Zusammenhang mit dem Sezessionskrieg in der Republikan[ischen] Partei auf."[18] Sie standen für den vom Staat voran gebrachten Fortschritt: Sie wollten eine bessere Infrastruktur, Schutzzölle für die Wirtschaft und Bildung für jedermann. Anhand dieser Themen bestritt Lincoln auch seinen Wahlkampf. Er verlor die Wahl zwar, aber für ihn stand nun fest, dass er sich in seinem weiteren Leben mit der Politik beschäftigen würde. Drei Jahre später (1835) zog er schließlich doch ins Parlament von Illinois ein.[19]

Zu dieser Zeit beschäftigte Lincoln sich mit den Rechtswissenschaften, um Anwalt zu werden. Da ein Großteil der amerikanischen Politiker Anwalt war, strebte auch Abraham Lincoln dieses Ziel an. Am 1. März 1837 wurde er als Anwalt zugelassen und ließ sich in Springfield als Juniorpartner in einer Anwaltskanzlei nieder, da das Parlament von Illinois dorthin umgezogen war und er immer noch einen Sitz darin hatte. 1844 öffnete Lincoln seine

---

[14] Vgl. Schild, Georg: a.a.O., S. 48
[15] Grenze vom „zivilisierten" Amerika zur Wildnis, die vor allem von Indianern bevölkert wurde
[16] Vgl. Basler, Roy P. (Hrsg.): „Collected Works of Abraham Lincoln",
http://www.abrahamlincolnonline.org/lincoln/speeches/autobiog.htm (Stand: 23.02.2013)
[17] Vgl. Basler, Roy P.: a.a.O.
[18] Weiß, Joachim: a.a.O., Band 16, S. 239
[19] Vgl. Schild, Georg: a.a.O., S. 56-58

eigene Anwaltskanzlei, die er zusammen mit seinem Partner William Herndon bis zu seiner Wahl zum Präsidenten 1861 führte.[20]

Im Jahr 1840 verlobte Lincoln sich mit Mary Ann Todd, die er im Herbst 1842 heiratete. Aus der Ehe gingen vier Söhne hervor, von denen drei aber relativ jung starben. Lincolns Partner und Biographen kritisierten diese Ehe häufig, da Mary Ann aus einer sklavenhaltenden Familie kam und Lincoln sie wohl nie wirklich geliebt habe.[21]

1846 wurde Lincoln erstmals als Vertreter aus Illinois in den amerikanischen Kongress gewählt. Um dieser Tätigkeit besser nachgehen zu können, zog er 1847 mit seiner Familie nach Washington. Als sein Mandat 1849 ausgelaufen war, trat er aus parteipolitischen Gründen nicht wieder an, sondern zog nach Illinois zurück, wo er wieder als Rechtsanwalt arbeitete.[22]

Der Demokrat Stephen A. Douglas entwickelte 1854 ein Konzept, um einen Konflikt um die Aufnahme vom Nebraska-Territorium als Staat der USA zu lösen: Er nannte es „*popular sovereignty*", was übersetzt „Volkssouveränität" bedeutet. Die Einwohner des Territoriums sollten selbst entscheiden, ob in ihrem Staat die Sklaverei erlaubt sein solle oder nicht. Eigentlich war dies durch ein früheres Gesetz verboten, da das Territorium nördlich einer festgelegten Grenze lag, die sklavenhaltende Staaten von denjenigen trennte, wo die Sklaverei verboten war. Dies war ein Kompromiss, der die Südstaaten dazu bringen sollte, der Aufnahme des Territoriums in die Union zuzustimmen.[23] Abraham Lincoln war gegen dieses Konzept und kehrte in die Politik zurück, um seine Umsetzung zu verhindern.[24]

4. Abraham Lincoln als Präsident der USA

4.1. Präsidentschaftswahlen 1860

1858 wurde Abraham Lincoln, nach den Wahlen für den Senatsposten von Illinois, erstmals von einer Zeitung namens „Illinois Gazette" als Präsidentschaftskandidat der Republikaner für die Wahl zwei Jahre später ins Gespräch gebracht. Weitere Zeitungen schlossen sich dieser Meinung an. Daraufhin unternahm auch Lincoln selbst erste Schritte, um sich als

---

[20] Vgl. Schild, Georg: a.a.O., S. 61
[21] Vgl. Schild, Georg: a.a.O., S. 70f
[22] Vgl. Schild, Georg: a.a.O., S. 83f
[23] Vgl. Schild, Georg: a.a.O., S. 88
[24] Vgl. Schild, Georg: a.a.O., S. 91f

Präsidentschaftskandidat durchzusetzen: Er ließ Bücher drucken, die seine früheren Rededuelle beinhalteten und präzisierte seine Vorstellungen zum Thema Sklaverei, die er schon in diesen Duellen ausgedrückt hatte.[25] Er sagte, dass man die Sklaverei auf die Südstaaten beschränken müsse, da sonst „freie Weiße in den neuen Territorien direkt mit Sklaven konkurrieren [müssten]".[26] Abraham Lincoln bezog also klar Stellung in der Sklavereifrage. Das Bestreben Lincolns, Präsidentschaftskandidat zu werden, wurde weiter deutlich, als er in New York eine Rede hielt, quasi um sich den Wählern im Osten vorzustellen.[27]

Auf dem Nominierungskonvent der Partei vom 16. bis zum 18. Mai 1860 entschieden sich die Republikaner dann letztendlich für Lincoln und gegen seinen stärksten Kontrahenten William H. Seward aus New York als Präsidentschaftskandidaten. Am 19. Mai übermittelte eine Kommission der Republikaner dieses Ergebnis an Lincoln und die anderen möglichen Kandidaten, da es zu dieser Zeit nicht üblich war, dass die Kandidaten selbst an dem Konvent teilnahmen.[28]

Auch die Zeit des Wahlkampfes verbrachte Lincoln noch in Springfield, Illinois, da der Kandidat selber zu dieser Zeit normalerweise nicht am Wahlkampf teilnahm. Trotzdem konnte er die Präsidentschaftswahl für sich entscheiden, da er alle Staaten des Nordens, außer New Jersey, für sich gewinnen konnte. Das lag unter anderem daran, dass sich die Demokraten, die bisher den Präsidenten gestellt hatten, nicht auf einen Kandidaten einigen konnten und daher einen Südstaaten-Kandidaten (John C. Breckinridge) und einen für die Nordstaaten (Stephen A. Douglas) aufgestellt hatten. Bei der Wahl am 06. November 1860 konnte Lincoln insgesamt 180 Wahlmännerstimmen gewinnen, Breckinridge gewann 72, Bell (der Kandidat der restlichen *Whigs*) 39 und Douglas 12 Wahlmännerstimmen. Die Südstaaten hatten mehr oder weniger vollständig Breckinridge gewählt und die Nordstaaten Lincoln. Das Ergebnis im Süden war für Lincoln aber „enttäuschend"[29], da er eigentlich eine moderate Meinung in der Sklavereifrage hatte.[30]

Ein Grund für Lincolns schnellen Aufstieg in der Partei der Republikaner und der daraus folgenden Nominierung zu deren Präsidentschaftskandidaten war seine Haltung in der Sklavereifrage.[31] Diese wurde in der Zeit vor 1860 immer wichtiger, da immer neue Gebiete in die Union eingegliedert werden sollten, wobei jedes Mal die Frage aufkam, ob es dort Sklaverei geben sollte oder nicht. Lincoln war zwar durchaus ein Gegner der Sklaverei, war

---

[25] Vgl. Schild, Georg: a.a.O., S. 111
[26] Zit. n. Schild, Georg: a.a.O., S. 112
[27] Vgl. Schild, Georg: a.a.O., S.112
[28] Vgl. Schild, Georg: a.a.O., S.116f
[29] Schild, Georg: a.a.O., S. 118
[30] Vgl. Schild, Georg: a.a.O., S. 117f
[31] Vgl. Schild, Georg: a.a.O., S. 85

aber zu dieser Zeit nicht der Meinung, dass man alle Sklaven, auch die in den Südstaaten, befreien sollte, wie es die Abolitionisten[32] forderten.[33] Er wollte die Sklaverei lediglich auf die Südstaaten beschränken. Dies war eine gemäßigte Meinung, die man in den Südstaaten zwar negativ auffasste, aber in den Nordstaaten akzeptiert war. Daher war die Chance, die Wahlen zu gewinnen, für Lincoln größer als für einen strikten Gegner der Sklaverei.[34]

Nun, da er Präsident war, stand Lincoln eine schwierige Zeit bevor: Die Ansprüche an ihn waren im Norden immens hoch. Er sollte die Union bewahren, damit die Handelsbeziehungen bestehen bleiben konnten, musste aber auch seinen Standpunkt in der Sklavereifrage beibehalten. Im Süden dagegen war er von Anfang an verhasst, die Plantagenbesitzer sahen in ihm einen Feind ihrer Existenz und einige hofften sogar, dass er vor seinem Amtsantritt umgebracht würde.[35]

4.2. Der Beginn von Lincolns Präsidentschaft

Lincolns Wahl zum Präsidenten wird als eine Ursache des Bürgerkriegs angesehen, da sich die ersten sieben Südstaaten schon von der Union abwandten, als Lincoln noch auf dem Weg nach Washington war, um sein Amt anzutreten. Am 18. Februar 1861 wurde Jefferson Davis in Montgomery, Alabama, zum provisorischen Präsidenten der konföderierten Staaten von Amerika ernannt. Lincoln erreichte Washington am 23. Februar 1861, nachdem er in Baltimore von einem geplanten Attentat auf ihn erfuhr, das aber vereitelt wurde, indem er die Weiterreise einen Tag früher als geplant antrat.

Obwohl Lincoln sich nicht für ein vollständiges Verbot der Sklaverei einsetzte und er auf dem Weg nach Washington versprach, keine Gewalt anzuwenden, solange keine Gewalt gegen die Regierung angewendet würde, sahen sich die Südstaaten in ihrer Existenz bedroht und begannen den amerikanischen Bürgerkrieg.[36] Am 4. März 1861 hielt Abraham Lincoln seine Inaugurationsrede und wurde als 16. Präsident der Vereinigten Staaten von Amerika vereidigt.

4.3. Lincolns Politik während des Bürgerkriegs

Lincoln versuchte in der kurzen Amtszeit vor dem Bürgerkrieg, die Südstaaten zu beschwichtigen, indem er „der Sklaverei im Süden [...] nochmals einen grundsätzlichen

---

[32] strikte Sklavereigegner
[33] Vgl. Schild, Georg: a.a.O., S. 87
[34] Vgl. Schild, Georg: a.a.O., S. 92
[35] Vgl. Schild, Georg: a.a.O., S. 119
[36] Vgl. Schild, Georg: a.a.O., S. 120

Bestandsschutz gab. Dennoch reichte diese Versicherung den Südstaaten nicht, da sie das Ende der Sklaverei trotzdem befürchteten.[37] Außerdem sicherte er auch den sogenannten „border states"[38] den Fortbestand der Sklaverei zu, damit sie sich nicht gegen ihn wandten, versuchte aber die Abgeordneten dieser Staaten in Gesprächen dazu zu bewegen, die Sklaverei freiwillig zu beenden. Des Weiteren wies er darauf hin, dass das Gesetz zur Auslieferung von entflohenen Sklaven an den Süden weiter ausgeführt werde.[39]

Präsident Lincoln zeigte also durchaus Kompromissbereitschaft. In der Frage, ob Sezession erlaubt sei und in puncto Ausweitung der Sklaverei nach Westen blieb er aber hart: Er war der Meinung, dass „Sklaverei *falsch* ist und eingeschränkt werden sollte"[40]. Er war auch gegen Douglas' Prinzip der *popular sovereignty* in der Sklavereifrage und bat befreundete Senatoren, diesem Vorschlag nicht zuzustimmen. Zur Sezession sagte er, dass „das Recht eines Staates, sich abzuspalten […] keine offene oder zu debattierende Frage"[41] sei. Daher kündigte Lincoln auch an, die Einheit – falls notwendig – militärisch wiederherzustellen und die Forts der Union in den Südstaaten zu verteidigen. Lincolns politisches Hauptziel war die Einhaltung der Union.[42]

In sein Kabinett holte Lincoln Politiker aus vielen verschiedenen Staaten, die alle unterschiedliche politische Richtungen vertraten. Vier der Minister (Außenminister Seward, Justizminister Bates, Finanzminister Chase, Kriegsminister Cameron) waren sogar seine Gegner bei der Wahl zum Präsidentschaftskandidaten der Republikaner gewesen. Der Grund für diese Auswahl seiner Kabinettsmitglieder war, dass Lincoln aufgrund der Spaltung des gesamten Landes keine Uneinigkeit in seiner Partei, bzw. zwischen den Politikern des Nordens, brauchen konnte. Für die Historikerin Doris Kearns Goodwin war die Kabinettswahl eine von Lincolns „größten politischen Leistungen".[43]

Nun, da sein Kabinett vollständig war, hatte Lincoln eine weitere wichtige Entscheidung zu treffen: Was sollte mit Fort Sumter im Hafen von Charleston geschehen? Der Kommandeur des Forts hatte ihm eine Nachricht geschickt, dass die Vorräte nur noch höchstens einen Monat reichen würden, ein Vorratsschiff wurde aber bereits beschossen und war zurückgekehrt. Lincoln beriet sich mit seinen Ministern und beschloss, nachdem der Vorschlag eines Rückzugs verworfen wurde, eine Nachricht an den Gouverneur von South Carolina zu schicken, in der er ihm mitteilte, dass er ein Schiff ohne Waffen, Munition oder

---

[37] Vgl. Schild, Georg: a.a.O., S.121
[38]Grenzstaaten zwischen dem Norden und dem Süden, in denen die Sklaverei erlaubt war: Delaware, Kentucky, Maryland, Missouri, West Virginia (vgl. Schild, Georg: a.a.O., S. 125)
[39] Vgl. Schild, Georg: S. 132
[40] Schild, Georg: a.a.O., S. 128
[41] Schild, Georg: a.a.O., S. 129
[42] Vgl. Schild, Georg: a.a.O., S. 133
[43]Zit. n. Schild, Georg: a.a.O., S. 136

weitere Soldaten schicken würde, welches das Fort mit Vorräten versorgen würde. Der Historiker James McPherson nannte dies einen „genialen Schachzug", da Lincoln damit „Fort Sumter zum Symbol für seinen Anspruch auf Aufrechterhaltung der Union erklärt[e], ohne den Konflikt weiter anzuheizen"[44]. Die Südstaaten gingen dennoch nicht darauf ein und entschieden sich, Fort Sumter anzugreifen, bevor die Lieferung eintreffen würde. Sie begannen den Bürgerkrieg mit dem Beschuss von Fort Sumter.[45]

Lincoln entschied mit seinem Kabinett am 14. April 1861, dass der Beschuss von Fort Sumter keine Kriegserklärung war, sondern der Beginn einer Rebellion. Daher hatte er das Recht, für 90 Tage ein Milizheer aufzustellen, um den Aufstand zu zerschlagen. Es wurden 75.000 Männer einberufen, um in diesem Heer zu kämpfen.[46]

Eine weitere politische Maßnahme Lincolns war, dass er nach einem Angriff auf Unionstruppen in Maryland, die nach Washington unterwegs waren, das *habeas corpus*-Grundrecht außer Kraft setzte. Dieses Gesetz besagt, dass ein Gericht die Inhaftierung einer Person überprüfen muss. Es war zwar umstritten, ob Lincoln dieses Grundrecht außer Kraft setzen durfte, aber er sah dies als notwendig an, um Sabotageversuche, vor allem in den *border states* zu verhindern.[47]

In der ersten Kongresssitzung während des Krieges am 4. Juli 1861 rechtfertigte Lincoln den Krieg und seine Politik davor. Sein Ziel in dieser Sitzung war, die Abgeordneten zur Zustimmung für die Finanzierung des Kriegs zu bewegen, was auch gelang, da die meisten Abgeordneten generell für eine Fortsetzung des Kriegs waren. Trotzdem gab es im Norden einige Stimmen, die nach den ersten verlorenen Schlachten den Frieden und sogar die Anerkennung der Konföderation forderten.[48]

Einen wichtigen außenpolitischen Entschluss fasste Lincoln, nachdem ein amerikanischer Captain ein britisches Postschiff angegriffen hatte, um zwei Senatoren der Südstaaten abzufangen, die als Botschafter nach England und Frankreich unterwegs waren. Sie wurden gefangen genommen, doch die Briten sahen dies als heftige Beleidigung an und Lincoln nahm sofort eine zurückhaltende Haltung ein, obwohl er dem Captain vorher sogar eine Medaille verliehen hatte. Da seine Devise lautete, dass man auf keinen Fall einen zweiten Krieg riskieren durfte, machte er deutlich, dass der Captain nicht auf Befehl der Regierung gehandelt habe. Letztendlich ließ er beide Gefangenen frei und ungehindert ihre Reise nach Europa antreten.[49] Dies war eine für „beide Seiten annehmbare Lösung".[50]

---

[44] Zit. n. Schild, a.a.O., S. 138
[45] Vgl. Schild, a.a.O . S. 138
[46] Vgl. Schild, a.a.O., S. 144f
[47] Vgl. Schild, a.a.O., S. 146-149
[48] Vgl. Schild, Georg: a.a.O., S. 153f
[49] Vgl. Gerste, Ronald D.: a.a.O., S. 144-149

Lincoln musste auch weiterhin auf die Angelegenheiten Englands achten, um seine Neutralität, und die der anderen Staaten Europas, nicht zu gefährden.[51] Das konnte am besten gelingen, indem er den Krieg zum Krieg gegen die Sklaverei erklären würde. Dafür brauchte der Norden aber erst einen militärischen Erfolg.[52]

Im Juni 1862 löste Lincoln ein weiteres politisches Problem, das vor seiner Amtszeit noch Bestand hatte: Er verbot die Ausweitung der Sklaverei nach Westen. Außerdem befasste er sich zu dieser Zeit sehr viel mit einem generellen Verbot der Sklaverei in den USA und damit, wie dieses Ziel am besten umzusetzen sei.[53] Am 01. Januar 1863 erklärte Lincoln in seiner Position als Oberbefehlshaber alle Sklaven des Südens für frei. Dies konnte aber nur gelten, solange der Krieg dauerte.[54] (Siehe: Lincoln als Sklavenbefreier)

1863 sah sich Lincoln gezwungen, die Wehrpflicht einzuführen, da es wegen der ausbleibenden Kriegserfolge und der Friedenspolitik der Demokraten immer schwieriger wurde, neue Freiwillige zu rekrutieren. Außerdem erlaubte er Schwarzen den Eintritt in die Armee und schränkte die Redefreiheit ein, damit der Krieg nicht mehr so stark kritisiert werden konnte.[55]

4.4. Präsidentschaftswahlen 1864

Obwohl Lincoln es für unwahrscheinlich hielt, dass er die Wahl erneut gewinnen würde, wurde er auf dem Nominierungskonvent der Republikaner im Juni 1864 wieder zum Präsidentschaftskandidaten gekürt. Die Stimmung war eigentlich gegen ihn, da General Grant sich seit Monaten im Stellungskrieg in Virginia befand und keinen Boden gewann. Doch am 2. September änderte sich die Stimmung schlagartig, als General Sherman eine der bedeutendsten Städte des Südens einnahm: Atlanta. Mit diesem Sieg „erschien der Krieg militärisch gewonnen-und damit auch die Wiederwahl Lincolns gesichert"[56].

---

[50] Gerste, Ronald D.: a.a.O., S. 149
[51] Vgl. Gerste, Ronald D.: a.a.O., S. 149
[52] Vgl. Gerste, Ronald D.: a.a.O., S. 151
[53] Vgl. Gerste, Ronald D.: a.a.O., S. 157f
[54] Vgl. Schild, Georg: a.a.O., S. 212
[55] Vgl. Schild, Georg: a.a.O., S. 192
[56] Schild, Georg: a.a.O., S. 215

Lincolns Gegenkandidat von den Demokraten war der frühere General McClellan. Seine Partei setzte sich für einen schnellen Frieden ein, den sie erreichen wollte, indem sie nicht auf die Abschaffung der Sklaverei bestand. Doch Lincoln gewann die Wahl im November 1864 und hoffte nun darauf, das Land in Friedenszeiten zu regieren.[57]

5. Abraham Lincoln als Oberbefehlshaber der Streitkräfte

Mit der Präsidentschaft der USA geht auch immer die Aufgabe des Oberbefehlshabers der Streitkräfte einher. Das bedeutet, dass der Präsident Befehle geben und die Heeresleitung bestimmen darf. In dieser Aufgabe bestimmte Lincoln am Anfang des Kriegs General Winfield Scott zum Oberbefehlshaber. Dieser entwickelte dann den Anaconda-Plan (siehe Abb. 2) als Kriegsstrategie. Lincoln war damit weitgehend einverstanden, auch wenn er eigentlich einen direkten Angriff an mehreren Fronten bevorzugt hätte, um den Krieg schneller zu beenden. Außerdem gab er den Befehl, dass es keinen Krieg gegen die Zivilbevölkerung geben dürfe.[58]

Weiterhin ordnete Lincoln einen Angriff auf den Eisenbahnknotenpunkt Manassas, Virginia, an, u.a. um den Schutz der Hauptstadt Washington zu gewährleisten, die nur 50 km entfernt lag. Diese Schlacht verloren die Unionstruppen aber, was Lincoln dazu veranlasste, General

Abb. 2: Scotts' Anaconda-Plan – die Südstaaten sollten vom Land und vom Wasser aus umzingelt und wirtschaftlich ausgelaugt werden.
http://www.juniorgeneral.org/civil%20war/anaconda/map.gif

McClellan zum Nachfolger von General McDowell als Kommandeur der *Army of the Potomac*[59] zu machen. Kurze Zeit später ernannte er McClellan außerdem zum

---

[57] Vgl. Schild, Georg: a.a.O., S. 217
[58] Vgl. Schild, Georg: a.a.O., S. 151f
[59] Wichtige Unionsarmee in Virginia, stationiert am Fluss Potomac

Oberkommandeur aller Armeen, was aber laut Ronald D. Gerste ein Fehler war, da er meistens viel zu zögerlich handelte und den Gegner ständig überschätzte[60] (Gerste bezeichnet ihn deswegen sogar als „komplette[n] Idiot[en]"[61]). Auch Lincoln erkannte das im Lauf der Zeit und war einmal sogar so wütend wegen seiner Zögerlichkeit, dass er selbst mit den Streitkräften nach Norfolk, Virginia, übersetzte, um den Angriff auf die Stadt zu beginnen.[62] Später ernannte Lincoln deshalb General Ambrose Burnside zum Oberkommandeur.[63]

Im März 1864 beförderte Lincoln dann General Ulysses S. Grant zum Oberkommandeur der Unionsarmee[64], den er schon vorher als wichtig bezeichnet hatte, da er der einzige General war, der wirklich kämpfte.[65] Außerdem war Grant maßgeblich daran beteiligt gewesen, die Sezessionisten aus Tennessee zu vertreiben. Mit ihm hatte Lincoln endlich einen General gefunden, der seine Ansichten teilte: Auch Grant war der Meinung, dass man an mehreren Punkten gleichzeitig eine Offensive starten sollte, da man eine zahlenmäßige Überlegenheit gegenüber den Südstaaten hatte. Er war also nicht so zurückhaltend wie z.b. McClellan.[66]

Obwohl Lincoln eigentlich keine Vorkenntnisse im Militärwesen hatte[67], saß er während der wichtigen Schlachten oft tagelang am Telegraphen, um fast in Echtzeit mit seinen Generälen zu kommunizieren.[68]

6. Abraham Lincoln als Sklavenbefreier

6.1. Lincolns Haltung zur Sklaverei vor und zu Beginn des Krieges

Lincoln war allein schon aus wirtschaftlichen Gründen gegen die Sklaverei. Laut seiner Meinung waren die Gründerväter Amerikas von einem „statischen Wirtschafts-und Gesellschaftsmodell"[69] ausgegangen und hatten deswegen die Sklaverei in der Verfassung niedergeschrieben. Dieses Wirtschaftsmodell bestand aber nach der industriellen Revolution im Norden nicht mehr. Man musste nun die Chance haben aufzusteigen, wenn man fleißig

---

[60] Vgl. Gerste, Ronald D.: a.a.O., S. 152f
[61] Gerste, Ronald D.: a.a.O., S. 153
[62] Vgl. Gerste, Ronald D.: a.a.O., S. 139f
[63] Vgl. Gerste, Ronald D.: a.a.O., S. 164
[64] Vgl. Schild, Georg: a.a.O., S. 213
[65] Vgl. Schild, Georg: a.a.O., S. 158
[66] Vgl. Schild, Georg: a.a.O., S. 213
[67] Vgl. Nagler, Jörg: „Abraham Lincoln", Verlag C.H. Beck, München, 2009, S. 273
[68] Vgl. Gerste, Ronald D.: a.a.O., S. 161
[69] Schild, a.a.O., S.52

arbeitete, denn darauf beruhte die amerikanische Wirtschaft laut Lincoln. Diese Chance machte die Sklaverei jedoch zunichte. Daher war sie schlecht.[70]

Außerdem fand Lincoln die Sklaverei auch moralisch falsch und ungerecht, vertrat aber keinen strikt abolitionistischen Standpunkt, da er generell eher gegen radikale Haltungen war.[71] Es war aber schon eine Art Lebenstraum von ihm, dass alle Menschen überall frei sein sollten.[72]

In seiner Inaugurationsrede zur Präsidentschaft machte Lincoln deutlich, dass er die Sklaverei in den Südstaaten eigentlich nicht abschaffen wollte, sondern nur verhindern wollte, dass die Sklaverei sich nach Westen ausbreitet. Er wäre sogar mit einem Verfassungszusatz einverstanden gewesen, der den Fortbestand der Sklaverei in den Südstaaten garantiert hätte.[73]

6.2. Lincolns Meinungsänderung während des Krieges

Im Sommer 1862, nachdem er schon die Ausweitung der Sklaverei nach Westen verboten hatte, beschäftigte Lincoln sich viel mit der Abschaffung der Sklaverei. Er war zum Schluss gekommen, dass man die Union nur retten könnte (was ja bekanntlich sein Hauptziel war), indem man die Sklaven befreite. Von den Abolitionisten, auch aus seiner eigenen Partei, wurde er zum Verbot der Sklaverei gedrängt, u.a. mit dem Argument, dass sich die Sklaven im Süden erheben würden und man dann auch Schwarze im Norden rekrutieren könnte, was eigentlich dringend notwendig war, da man neue Soldaten brauchte. Allerdings konnte man mit einem solchen Gesetz die *border states* verprellen.[74]

Lincoln hatte die Idee, die Sklaverei zu verbieten und die Besitzer der Sklaven für den Verlust ihres Eigentums zu entschädigen, allerdings waren die Vertreter der *border states* mit diesem Vorschlag nicht einverstanden. Am 13. Juli 1862 informierte Lincoln sein Kabinett über seine Pläne, die Sklaverei trotzdem am 1. Januar 1863 mit der sogenannten *emancipation proclamation*[75] zu beenden. Außenminister Seward war jedoch der Meinung, diese erst zu veröffentlichen, wenn man einen militärischen Erfolg erringen würde.[76]

---

[70] Vgl. Schild, a.a.O., S.52
[71] Vgl. Schild, a.a.O., S. 67
[72] Vgl. Gerste, a.a.O., S.159
[73] Vgl. Schild, a.a.O., S. 132
[74] Vgl. Gerste, Ronald D.: a.a.O., S. 155f
[75] Übersetzt: Emanzipationsproklamation
[76] Vgl. Gerste, Ronald D.: a.a.O., S. 159f

Dieser Erfolg kam dann in der Schlacht am Antietam, die der Norden gewinnen konnte. Danach, am 22. September 1862, legte Lincoln seine Emanzipationserklärung dem Kabinett vor. Einen Tag später wurde sie als vorläufige Erklärung veröffentlicht.[77]

6.3. Die Emanzipationserklärung

Die Proklamation enthielt entgegen den Willen der Abolitionisten nicht das Verbot der Sklaverei in den *border states* oder den bereits eroberten Gebieten der Südstaaten. Die Sklaverei wurde nur in den Sezessionsstaaten verboten, d.h. die Unionstruppen hatten nun die Erlaubnis, alle Sklaven zu befreien. Die Sklaven waren auch nicht „für immer frei"[78], wie es noch in der vorläufigen Proklamation vom September hieß, sondern nur bis zum Kriegsende. Das lag daran, dass Lincoln die Sklaverei nicht als Politiker, sondern als Oberbefehlshaber der Armee verbot. Er konnte die Sklaven nur bis zum Ende des Kriegs für frei erklären und auch nur in Gebieten, die zu diesem Zeitpunkt noch in Feindeshand waren. Sonst hätte er die Bestätigung des Kongresses für die Erklärung gebraucht, die er nicht unbedingt bekommen hätte, da es noch viele Befürworter der Sklaverei gab, vor allem in den *border states*. Außerdem enthielt die Proklamation keine moralische Verurteilung der Sklaverei. Es stand lediglich darin, dass die Sklaven des Südens frei seien. Deshalb wurde er von einigen Sklavengegnern stark kritisiert. Im Gegensatz dazu wurde Lincoln von den Demokraten kritisiert, weil die Emanzipationserklärung ihnen noch zu weit ging.[79]

7. Abraham Lincoln als ausgezeichneter Redner

Eine der berühmtesten Reden Abraham Lincolns ist die *Gettysburg Address*. Er hielt diese Rede nach dem Sieg der Union in der Schlacht um Gettysburg, um einen Soldatenfriedhof für die Toten dieser Schlacht einzuweihen. Nachdem der vor allem für seine rhetorischen Fähigkeiten berühmte Diplomat und Politiker Edward Everett[80] eine zweistündige Rede gehalten hatte, trat Lincoln vor das Publikum und sprach insgesamt nur ungefähr zwei Minuten. Diese Rede war so hervorragend ausgearbeitet, mit Bezügen zur griechischen Antike, der Bibel und auch den Gründervätern[81], dass Everett ihm gesagt haben soll, „dass er

---

[77] Vgl. Gerste, Ronald D.: a.a.O., S. 164
[78] Zit. n. Schild, Georg: a.a.O., S. 185
[79] Vgl. Schild, Georg: a.a.O., S. 184-187
[80] Vgl. Gerste, Ronald D.: a.a.O., S. 193f
[81] Vgl. Schild, Georg: a.a.O., S. 207f

der Bedeutung des Krieges in zwei Minuten näher gekommen sei als es ihm, Everett, in zwei Stunden gelungen sei."[82] Diese Rede ist sogar in das *Lincoln Memorial* (s.u.) eingemeißelt.[83]

Eine weitere wichtige Rede Lincolns war die erste *inauguration speech* zur Amtsübernahme 1861. Auf diese hatte er sich lange vorbereitet und er machte darin seinen Standpunkt zum Thema Sklaverei und Unrechtmäßigkeit der Sezession deutlich.

Lincoln war insofern ein moderner Präsident, als er die Wichtigkeit der neuen Kommunikationsmedien erkannte, wie des neuen Magnet-Telegraphen, der seine Reden in Sekundenschnelle ins ganze Land verbreitete. Daher achtete er immer darauf, dass er mit seinen Reden die komplette Bevölkerung der USA erreichte.[84]

8. Die Zeit nach Abraham Lincolns Tod

8.1. Zeitgenössische Kommentare

Lincolns sterbliche Überreste wurden nach seinem Tod am 14. April 1865 mit dem Zug in seine Heimatstadt Springfield gebracht. Auf der Reise wurden zahlreiche Stopps gemacht, bei denen mehrere 100.000 Menschen sich von ihrem Präsidenten verabschiedeten. Bereits von seinen Zeitgenossen wurde Lincoln mehr oder weniger vergöttert – so bezeichnete sein Mitarbeiter John Hay ihn als „größten Menschen seit Christus"[85] und die Zeitschrift *Harper's Weekly* verglich ihn mit Moses.[86]

Im Süden jedoch feierte man seinen Tod und der *Texas Republican* schrieb, dass man mit Lincoln ein „Monster verloren hat, das alle Formen der Menschheit verunstaltet hat."[87]

---

[82] Zit. n. Schild, Georg: a.a.O. S .206f
[83] Vgl. Schild, Georg: a.a.O., S. 235
[84] Vgl. Gerste, Ronald D.: a.a.O., S. 197
[85] Zit. n. Schild, Georg: a.a.O., S. 231
[86] Vgl. Schild, Georg: a.a.O., S. 231
[87] Zit. n. Schild, Georg: a.a.O., S. 231

8.2. Das Bild Lincolns im 20. Jahrhundert

Am 30. Mai 1922 wurde das *Lincoln Memorial*, eine Gedenkstätte für Abraham Lincoln im Zentrum von Washington, eingeweiht. Dieses Gebäude ist im Stil eines griechischen Tempels errichtet und darin befindet sich eine 6 m hohe, sitzende Marmorstatue Lincolns. Mit diesem Bauwerk ist Lincoln „zu einer überdimensionalen Ikone als Bewahrer der nationalen Einheit geworden, der man sich ehrfurchtsvoll nähert und der gegenüber jedermann klein erscheint."[88] Vor diesem Bauwerk nahm auch Martin Luther King Bezug auf Lincolns Emanzipationserklärung in seiner berühmten *I have a dream* Rede 1963. Er bezeichnete Lincoln in dieser Rede als „große[n] Amerikaner".[89]

Abb. 3: Lincoln-Statue im Lincoln Memorial, Quelle: http://upload.wikimedia.org/wikipedia/commons/thumb/1/18/Lincoln_front_shot.jpg/450px-Lincoln_front_shot.jpg

9. Beurteilung – Abraham Lincoln als „zivilreligiöse Ikone"

Für mich erscheint es übertrieben, dass Lincoln zu einer Art Gottheit hochstilisiert wird. Auch wenn Lincoln Großes geleistet hat, war er letztendlich doch nur ein Mensch wie jeder andere auch. Daher ist es auch unangemessen, ihn mit Jesus Christus zu vergleichen. Auch die Statue Lincolns im *Lincoln Memorial* erscheint mir übertrieben, vor allem da sie mich an eine Zeus-Statue erinnert, was wieder bedeuten würde, dass Lincoln eine Art Gott gewesen wäre.

---

[88] Schild, Georg: a.a.O., S. 236
[89] Zit. n. Schild, Georg: a.a.O., S. 236

Die wichtigste Rolle Lincolns ist meines Erachtens die des Präsidenten der Vereinigten Staaten, da die meisten anderen Unterpunkte wie z.B. die Rolle als Oberbefehlshaber eigentlich auch unter diesen Bereich fallen. Nur durch dieses Amt war er in der Lage, die Sklaven zu befreien und seine anderen Gesetze durchzusetzen. Er war die entscheidende Persönlichkeit, die für die Wiedervereinigung der Union gesorgt hat, was ein anderer Präsident wie z.B. sein Vorgänger Buchanan meiner Meinung nach nicht geschafft hätte. Durch seine Entscheidungen wurden die Nordstaaten zu „den Guten" im amerikanischen Bürgerkrieg (er machte die Südstaaten zum Aggressor des Krieges, außerdem machte er den Krieg zum Krieg gegen die Sklaverei), da die Union von nun an wirklich für die Freiheit stand, was sie schon vorher für sich beansprucht hatte. Darüber hinaus erwies er sich als geschickter Außenpolitiker. Seine Devise lautete, dass es nur einen Krieg auf einmal geben darf[90], was denke ich, eine gute Devise war. Das sieht man auch am Beispiel vom ersten Weltkrieg, den Deutschland verlor, nachdem Bismarcks diplomatische Politik beendet worden war.

Abraham Lincoln wurde während seiner Präsidentschaft auch aus seinem eigenen Lager kritisiert. Beispielsweise ist hier die Kritik der Abolitionisten an der *emancipation proclamation* anzuführen, die nach meiner Meinung zwar verständlich, aber nicht wirklich gerechtfertigt war, denn es wäre in der Tat schwierig gewesen, ein wirkliches Gesetz zur Sklavenbefreiung durch den Kongress zu bringen und mehr als das, was in der Emanzipationserklärung stand, war einfach nicht in Lincolns Macht als Oberbefehlshaber. Trotz dieser Erklärung kann man aber behaupten, dass Lincoln rassistische Ansichten hatte. Er sagte, dass die Schwarzen „weit davon entfernt [seien], der weißen Rasse gleich zu sein"[91]. Daraus lässt sich schließen, dass Lincoln zwar für die Abschaffung der Sklaverei, aber trotzdem nicht für die Gleichberechtigung der Schwarzen war. Er sprach sich eher dafür aus, dass die befreiten Sklaven zurück nach Afrika gehen, was diese aber gar nicht wollten, da sie sich als Amerikaner fühlten.[92] Zweitens ist durchaus kritisiert worden, dass er das *habeas-corpus*-Grundrecht außer Kraft setzte, vor allem, da es nicht sicher ist, ob er das überhaupt durfte.[93] Meines Erachtens war dies jedoch eine notwendige politische Maßnahme.

Weiterhin wurde Lincoln vorgeworfen, dass er den Krieg zu Beginn „bewusst diktatorisch habe führen wollen"[94], da er den Kongress erst am 4. Juli 1861 einberief. Dies ist aber ebenfalls zu vernachlässigen, da einfach noch nicht alle Mandate vergeben waren, weil die

---

[90] Vgl. Gerste, Ronald D.: a.a.O., S. 148
[91] Gerste, Ronald D.: a.a.O., S. 156
[92] Vgl. Gerste, Ronald D.: a.a.O., S. 156
[93] Vgl. Schild, Georg: a.a.O., S. 149
[94] Gerste, Ronald D.: a.a.O., S. 145

Wahlen in den Einzelstaaten damals noch nicht synchronisiert waren. Deswegen konnte der Kongress frühestens am 4. Juli tagen.[95]

Einige Historiker werfen Lincoln vor, dass er den Bürgerkrieg absichtlich provoziert habe, indem er Fort Sumter belieferte.[96] Dies würde ich aber auch nicht als Kritik gelten lassen, da Lincoln dem Gouverneur von South Carolina die Lieferung vorher angekündigt hatte und dieser den Krieg anfing, obwohl Lincoln ihm versichert hatte, dass weder neue Soldaten noch Munition oder Waffen kommen würden.

In der Auswahl seiner Generäle war Lincoln aber eher unglücklich: Nachdem Scotts Plan ihm etwas zu langsam war, machte er McClellan zum General, der noch viel langsamer und zögerlicher war. Auch Burnside war meiner Meinung nach nicht der richtige für den Posten, da er das Amt selbst gar nicht wollte. Erst mit Ulysses S. Grant hatte Lincoln den richtigen Befehlshaber gefunden. Dieser teilte Lincolns Meinung zum Krieg, dass man die zahlenmäßige Überlegenheit nutzen sollte, um an mehreren Punkten gleichzeitig anzugreifen.[97] Aus meiner Sicht wäre das von Anfang an die richtige Strategie gewesen.

Zusammenfassend bin ich der Meinung, dass die einzige berechtigte Kritik an Lincoln ist, dass er rassistisch war, aber auch diese Tatsache muss man im historischen Kontext betrachten: Zu dieser Zeit war die Meinung, dass Sklaverei ungerecht ist, in Amerika eigentlich schon sehr aufgeklärt und modern. Wenn Lincoln dazu auch noch der Meinung gewesen wäre, dass Schwarze gleichberechtigt seien, wäre er seiner Zeit wirklich um Längen voraus gewesen.

---

[95] Vgl. Gerste, Ronald D.: a.a.O., S. 145
[96] Vgl. Schild, Georg: a.a.O., S. 140f
[97] Vgl. Schild, Georg: a.a.O., S. 213

10. Literaturverzeichnis

10.1. Bücher

1. Gerste, Ronald D.: „Abraham Lincoln", Verlag Friedrich Pustet, Regensburg, 2008, 272 S.
2. Nagler, Jörg: „Abraham Lincoln", Verlag C.H. Beck, München, 2009, 464 S.
3. Ploetz, Karl (Hrsg.): „PLOETZ Auszug aus der Geschichte", A.G. Ploetz-Verlag, Würzburg, 1968, 27. Auflage, 2.296 S.
4. Schild, Georg: „Abraham Lincoln", Verlag Ferdinand Schöningh, Paderborn, 2009, 265 S.
5. Weiß, Joachim (Hrsg.): „Die ZEIT-Das Lexikon", Hamburg 2005, Bände 13, 15 und 16

10.2. Internet

1. Basler, Roy P. (Hrsg.): „Collected Works of Abraham Lincoln", 1953, http://www.abrahamlincolnonline.org/lincoln/speeches/autobiog.htm (Stand: 23.02.2013)
2. Schmitz, Alfred: „Amerikanischer Bürgerkrieg", 2012, http://www.planet-wissen.de/laender_leute/usa/amerikanischer_buergerkrieg/index.jsp (Stand: 16.02.2013)

11. Abbildungsverzeichnis

Abb. 1: http://muenzenwoche.de/images/1026_774d59a0.jpg

Abb. 2: http://www.juniorgeneral.org/civil%20war/anaconda/map.gif

Abb. 3: http://upload.wikimedia.org/wikipedia/commons/thumb/1/18/Lincoln_front_shot.jpg/ 450px-Lincoln_front_shot.jpg

BEI GRIN MACHT SICH IHR WISSEN BEZAHLT

- Wir veröffentlichen Ihre Hausarbeit,
  Bachelor- und Masterarbeit

- Ihr eigenes eBook und Buch -
  weltweit in allen wichtigen Shops

- Verdienen Sie an jedem Verkauf

Jetzt bei www.GRIN.com hochladen und kostenlos publizieren